Stefan Högl [Hg.]

AF156887

Vernunft und Logos

Benedikts Reden an Wissenschaft und Politik

– Plädoyer für eine neue Weite der Vernunft –

In memoriam

Monsignore Karl Katzenmüller (1922-2012)

+ Carissimo amico in amicitiam aeternam +

FSC
www.fsc.org
MIX
Papier aus ver-
antwortungsvollen
Quellen
Paper from
responsible sources
FSC® C105338

*Titelbildcollage/Quellen: Bundestagsrede: Deutscher Bundestag; Reichstag: Jürgen Matern /
Wikimedia Commons; Universität Regensburg: High Contrast / Wikimedia Commons; Papstwappen:
Piotr Michal Jaworski / Wikimedia Commons;Regensburger Rede: Servizio
Fotografico/LÓsservatore Romano.*

© 2019 Herstellung und Verlag:
BoD – Books on Demand, Norderstedt
ISBN: 978-3-7347-6528-5

INHALTSVERZEICHNIS

0. Vorwort 5

I. Die Regensburger Rede 8

II. Die Bundestagsrede 17

III. Anmerkungen zur Regensburger Rede 24

IV. Anmerkungen zur Bundestagsrede 31

Die Frage aller Fragen: Was ist *wirklich* wirklich?

Quid est veritas? – Was ist Wahrheit?

Diese Frage, in der es wie nirgends sonst ums Ganze geht: um alles oder nichts, taucht in einem entscheidenden Kontext des Johannesevangeliums auf (Joh 18,37-38). Kein Geringerer als Pontius Pilatus hat sie gestellt, jener bekannte Statthalter Roms, der Vertreter des damals mächtigsten Reichs der Erde.

Sein Gegenüber ist Jesus aus Nazareth, ein jüdischer Wanderprediger, von dem er offenbar noch wenig gehört hat. In mehreren Anläufen hatte er versucht, etwas über ihn und die Vorwürfe herauszufinden, die ihm zur Last gelegt werden. Schließlich skizziert Jesus seinen Auftrag, nämlich *„Zeugnis für die Wahrheit"* abzulegen.
„Was ist Wahrheit?" – Diese Antwort des Pilatus überliefert uns Johannes, und lässt dabei offen, wie viel Skepsis, Zurückweisung oder Interesse darin enthalten waren. Was aber ist Wahrheit? Uns selbst begegnet diese Frage heute nicht anders als damals.

- In der Philosophie geht es um die Erkenntnis der Wirklichkeit, um die Beschaffenheit der Welt und die Rolle des Menschen in ihr, und damit um alle großen und kleinen Einzelfragen, die für unser Verständnis davon wichtig sind. Der altgriechische Ausdruck ἀλήθεια (alētheia), der sich hier bei Johannes findet, den aber auch die sokratische Philosophie kannte, bedeutet Wahrheit und Wirklichkeit zugleich und geht so in seinem Umfang über die bloße Klassifikation einer Sache als „richtig" oder „falsch" hinaus.

- In der religiösen Perspektive findet sich der weiteste Begriff von Wahrheit. Er findet seine Anwendung auf Tatsachen – im philosophischen Sinn – genauso wie auf Personen, auf eine Botschaft oder eine innere Haltung. Die so vermittelte Wirklichkeit wird auch nicht lediglich erkannt und anerkannt, sie wird gespürt und geglaubt: die Wahrheit wird gelebt.

- Solch metaphorischer Verwendung entgegengesetzt ist der sehr viel engere, wissenschaftstheoretische Wahrheitsbegriff, der im Zuge der neuzeitlichen Forschung aufgekommen ist und der in vielen Bereichen Einzug gehalten hat. Er bezieht sich nur mehr auf Aussagen und deren Richtigkeit: Ein Satz ist wahr genau dann, wenn es sich tatsächlich so verhält, wie er es ausdrückt. So lautet die gängige Definition. Sie bringt die Logik für die Beschreibung eines Experiments zum Ausdruck, wie man es in den empirischen Wissenschaften findet.

Was aber ist nun *wirklich* Wahrheit, ist *wahre* Wirklichkeit? Obgleich die unterschiedlichen Bedeutungen von Wahrheit in ihren jeweiligen Bereichen ihre Berechtigung haben, so hat sich seit dem Beginn der Aufklärung nach und nach ein verändertes Bewusstsein von dem gebildet, was allgemein als wahr und wirklich gelten kann.

Zunächst ist die religiöse Perspektive in die Kritik geraten. Sie gilt vielen als veraltet, mythisch überladen und im Grunde längst überwunden. Eine Wahrheit in diesem Sinn gibt es demnach nur noch für den einzelnen Gläubigen, gültig nur in dessen Bewusstsein und Gefühlswelt, aber ohne Bezug zur Realität. Ähnlich ist es auch der philosophischen Suche nach Wissen und Erkenntnis ergangen. Im Zuge des naturwissenschaftlichen Fortschritts sind ihre Argumente und Schlüsse in den Hintergrund gedrängt worden. Religion und Philosophie gelten nur mehr als Vorstufen für ein wissenschaftliches Weltbild, welches das gesamte Universum aus den Gesetzmäßigkeiten der Physik erklären kann.

Existenzielle Fragen, die einst das Anliegen der Geisteswissenschaften waren, sind damit obsolet geworden. Sachverhalte, die sich nicht empirisch überprüfen lassen, gelten buchstäblich als sinn-los, weil sie keinen Bezug zur Realität haben: Gott und Jenseits, Ethik und Ästhetik, freier Wille und Bewusstsein – was immer das physikalische Weltbild transzendiert, wird als unwissenschaftlich verworfen.

An dieser Stelle setzen Benedikts Appelle ein: zuerst an der Universität Regensburg, später im Deutschen Bundestag. Vor dem akademischen Publikum wendet er sich gegen einen verengten Vernunftbegriff, der sich dem Logos der Welt verschließt, jenem Urgrund, auf den Religion und Philosophie seit jeher verweisen. Vor den versammelten Parlamentariern erinnert der Pontifex an den Ursprung des Rechts, der mit innerweltlichen Verfahren nicht zu erklären ist und damit ebenfalls über das positivistische Weltbild hinausweist.
In beiden Reden fordert Benedikt dazu auf, sich der Vernunft in ihrer gesamten Weite zu öffnen, um so auch die Wirklichkeit in all ihren Dimensionen zu erfassen, einschließlich ihrer Transzendenz, einschließlich des göttlichen Logos.

So geht es im Kern der Botschaft Benedikts nicht um das klassische Spannungsverhältnis von Vernunft und Glaube, von Wissenschaft und Religion, sondern vielmehr um die menschliche Vernunft und ihre Bereitschaft, sich dem göttlichen Logos zuzuwenden, kurz: um Vernunft und Logos.

Benedikts philosophische Agenda ist in ihrer Bedeutung erst ansatzweise erkannt worden, sein Ruf hat noch nicht den Widerhall gefunden, der noch folgen muss. Um aber eine eingehende Auseinandersetzung zu ermöglichen, wurden die beiden Reden dem Wortlaut entsprechend sorgfältig editiert und dabei in Kapitel unterteilt. Auf Literaturangaben wurde ausdrücklich verzichtet, zum besseren Verständnis sind jedoch am Schluss einige Anmerkungen und Hinweise nachgereicht worden.

I. Die Regensburger Rede

Editierte Rede Papst Benedikts XVI. in der Aula Magna der Universität Regensburg am 12. September 2006:

I. Begrüßung und Rückblick:
Vernunft im universitären Diskurs: Die Aufgabe der Theologie

[1]Eminenzen, Magnifizenzen, Exzellenzen,
verehrte Damen und Herren!

[2]Es ist für mich ein bewegender Augenblick, noch einmal in der Universität zu sein und noch einmal eine Vorlesung halten zu dürfen. [3]Meine Gedanken gehen dabei zurück in die Jahre, in denen ich an der Universität Bonn nach einer schönen Periode an der Freisinger Hochschule meine Tätigkeit als akademischer Lehrer aufgenommen habe. [4]Es war – 1959 – noch die Zeit der alten Ordinarien-Universität. [5]Für die einzelnen Lehrstühle gab es weder Assistenten noch Schreibkräfte, dafür aber gab es eine sehr unmittelbare Begegnung mit den Studenten und vor allem auch der Professoren untereinander. [6]In den Dozentenräumen traf man sich vor und nach den Vorlesungen. [7]Die Kontakte mit den Historikern, den Philosophen, den Philologen und natürlich auch zwischen beiden Theologischen Fakultäten waren sehr lebendig. [8]Es gab jedes Semester einen sogenannten *Dies academicus*, an dem sich Professoren aller Fakultäten den Studenten der gesamten Universität vorstellten und so ein Erleben von *Universitas* möglich wurde – auf die Sie, Magnifizenz, eben auch hingewiesen haben – möglich wurde ein wenig zu sehen, daß wir in allen Spezialisierungen, die uns manchmal sprachlos füreinander machen, doch ein Ganzes bilden und im Ganzen der einen Vernunft mit all ihren Dimensionen arbeiten und so auch in einer gemeinschaftlichen Verantwortung für den rechten Gebrauch der Vernunft stehen – das wurde erlebbar. [9]Die Universität war auch durchaus stolz auf ihre beiden Theologischen Fakultäten. [10]Es war klar, daß auch sie, indem sie nach der Vernunft des Glaubens fragen, eine Arbeit tun, die notwendig zum Ganzen der *Universitas scientiarum* gehört, auch wenn nicht alle den Glauben teilen konnten, um dessen Zuordnung zur gemeinsamen Vernunft sich die Theologen mühen. [11a]Dieser innere Zusammenhalt im Kosmos der Vernunft wurde auch nicht gestört, als einmal verlautete, einer der Kollegen habe geäußert, an unserer Universität gebe es etwas Merkwürdiges: [b]zwei Fakultäten, die sich mit etwas befaßten, was es gar nicht gebe – mit Gott. [12]Daß es auch solch radikaler Skepsis gegenüber notwendig und vernünftig bleibt, mit der Vernunft nach Gott zu fragen und es im Zusammenhang der Überlieferung des christlichen Glaubens zu tun, war im Ganzen der Universität unbestritten.

II. Glaube versus Vernunft: Gewalt widerspricht dem Wesen Gottes

[1]All dies ist mir wieder in den Sinn gekommen, als ich kürzlich den von Professor Theodore Khoury (Münster) herausgegebenen Teil des Dialogs las, den der gelehrte byzantinische Kaiser Manuel II. Palaeologos wohl 1391 im Winterlager zu Ankara mit einem gebildeten Perser über Christentum und Islam und beider Wahrheit führte. [2a]Der Kaiser hat vermutlich während der Belagerung von Konstantinopel zwischen 1394 und 1402 den Dialog aufgezeichnet; [b]so versteht man auch, daß seine eigenen Ausführungen sehr viel ausführlicher wiedergegeben sind, als die seines persischen Gesprächspartners. [3a]Der Dialog erstreckt sich über den ganzen Bereich des von Bibel und Koran umschriebenen Glaubensgefüges und kreist besonders um das Gottes- und das Menschenbild, aber auch immer wieder notwendigerweise um das Verhältnis der, wie man sagte, „drei Gesetze", „drei Lebensordnungen": [b]Altes Testament – Neues Testament – Koran. [4]Jetzt, in dieser Vorlesung möchte ich darüber nicht handeln, nur einen – im Aufbau des ganzen Dialogs eher marginalen – Punkt berühren, der mich im Zusammenhang des Themas Glaube und Vernunft fasziniert hat und der mir nur als Ausgangspunkt für meine Überlegungen zu diesem Thema dient. [5]In der von Professor Khoury herausgegebenen siebten Gesprächsrunde – das Ganze heißt dialogos, und die zwanzig Gesprächsrunden dialexis, in der siebten also – kommt der Kaiser auf das Thema des *Djihâd*, des heiligen Krieges zu sprechen. [6a]Der Kaiser wußte sicher, daß in *Sure* 2, 256 steht: [b]Kein Zwang in Glaubenssachen – es ist eine der frühen *Suren* aus der Zeit, wie uns die Kenner sagen, in der Mohammed selbst noch machtlos und bedroht war. [7]Aber der Kaiser kannte natürlich auch die im Koran niedergelegten – später entstandenen – Bestimmungen über den heiligen Krieg. [8]Ohne sich auf Einzelheiten wie die unterschiedliche Behandlung von „Schriftbesitzern" und „Ungläubigen" einzulassen, wendet er sich in erstaunlich schroffer, uns überraschend schroffer Form ganz einfach mit der zentralen Frage nach dem Verhältnis von Religion und Gewalt überhaupt an seinen Gesprächspartner. [9a]Er sagt - ich zitiere: [b]„Zeig mir doch, was Mohammed Neues gebracht hat, und da wirst du [c]– so sagt er – nur Schlechtes und Inhumanes finden wie dies, daß er vorgeschrieben hat, den Glauben, den er predigte, durch das Schwert zu verbreiten". [10]Der Kaiser begründet, nachdem er so zugeschlagen hat, dann eingehend, warum Glaubensverbreitung durch Gewalt widersinnig ist. [11]Sie steht im Widerspruch zum Wesen Gottes und zum Wesen der Seele. [12a]Ich zitiere nochmal wörtlich: [b]„Gott hat kein Gefallen am Blut", „und nicht vernunftgemäß, nicht „σὺν λόγω" zu handeln, ist dem Wesen Gottes zuwider. [13]Der Glaube ist Frucht der Seele, nicht des Körpers. [14]Wer also jemanden zum Glauben führen will, braucht die Fähigkeit zur guten Rede und ein rechtes Denken, nicht aber Gewalt und Drohung… [15a]Um eine vernünftige Seele zu überzeugen, braucht man nicht

seinen Arm, nicht Schlagwerkzeuge noch sonst eines der Mittel, durch die man jemanden mit dem Tod bedrohen kann...". [b]Soweit Manuel. [16]Der entscheidende Satz in dieser Argumentation gegen Bekehrung durch Gewalt lautet: [17]Nicht vernunftgemäß handeln ist dem Wesen Gottes zuwider. [18]Der Herausgeber, Theodore Khoury, kommentiert dazu: [19]Für den Kaiser als einen in griechischer Philosophie aufgewachsenen Byzantiner ist dieser Satz evident. [20a]Für die moslemische Lehre hingegen [b]– sagt uns Khoury – ist Gott absolut transzendent. [21]Sein Wille ist an keine unserer Kategorien gebunden und sei es die der Vernünftigkeit. [22]Khoury zitiert dazu eine Arbeit des bekannten französischen Islamologen Arnaldez, der darauf hinweist, daß Ibn Hazm so weit gehe zu erklären, daß Gott auch nicht durch sein eigenes Wort gehalten sei und daß nichts ihn dazu verpflichte, uns die Wahrheit zu offenbaren. [23]Wenn er es wollte, müsse der Mensch auch Götzendienst treiben.

III. Glaube begegnet Vernunft: Die biblische Tradition

[1]An dieser Stelle tut sich ein Scheideweg im Verständnis Gottes und so in der konkreten Verwirklichung von Religion auf, der uns heute ganz unmittelbar herausfordert. [2]Ist es nur griechisch zu glauben, daß vernunftwidrig zu handeln dem Wesen Gottes zuwider ist, oder gilt das immer und in sich selbst? [3]Ich denke, daß an dieser Stelle der tiefe Einklang zwischen dem, was im besten Sinn griechisch ist, und dem auf der Bibel gründenden Gottesglauben sichtbar wird. [4]Den ersten Vers der Genesis, den ersten Vers der Heiligen Schrift überhaupt abwandelnd, hat Johannes den Prolog seines Evangeliums mit dem Wort eröffnet: [5]Im Anfang war der Logos. [6]Dies ist genau das Wort, das der Kaiser gebraucht: [7]Gott handelt „σὺν λόγῳ", mit Logos. [8]Logos ist Vernunft und Wort zugleich – eine Vernunft, die schöpferisch ist und sich mitteilen kann, aber eben als Vernunft. [9]Johannes hat uns damit das abschließende Wort des biblischen Gottesbegriffs geschenkt, in dem alle die oft mühsamen und verschlungenen Wege des biblischen Glaubens an ihr Ziel kommen und ihre Synthese finden. [10]Im Anfang war der Logos, und der Logos ist Gott, so sagt uns der Evangelist. [11]Das Zusammentreffen der biblischen Botschaft und des griechischen Denkens war kein Zufall. [12]Die Vision des heiligen Paulus, dem sich die Wege in Asien verschlossen und der nächtens in einem Gesicht einen Mazedonier sah und ihn rufen hörte: Komm herüber und hilf uns – diese Vision darf als Verdichtung des von innen her nötigen Aufeinanderzugehens zwischen biblischem Glauben und griechischem Fragen gedeutet werden. [13]Dabei war dieses Zugehen längst im Gang. [14]Schon der geheimnisvolle Gottesname vom brennenden Dornbusch, der diesen Gott aus den Göttern mit den vielen Namen herausnimmt und von ihm einfach das „Ich bin", das Dasein aussagt, ist eine Bestreitung des Mythos, zu der der sokratische Versuch, den

Mythos zu überwinden und zu übersteigen, in einer inneren Analogie steht. [15]Der am Dornbusch begonnene Prozeß kommt im Innern des Alten Testaments zu einer neuen Reife während des Exils, wo nun der landlos und kultlos gewordene Gott Israels sich als den Gott des Himmels und der Erde verkündet und sich mit einer einfachen, das Dornbusch-Wort weiterführenden Formel vorstellt: [16]„Ich bin's." [17]Mit dem neuen Erkennen Gottes geht eine Art von Aufklärung Hand in Hand, die sich im Spott über die Götter drastisch ausdrückt, die nur Machwerke der Menschen seien. [18a]So geht der biblische Glaube in der hellenistischen Epoche bei aller Schärfe des Gegensatzes zu den hellenistischen Herrschern, die die Angleichung an die griechische Lebensweise und ihren Götterkult erzwingen wollten, [b]ich sage, der biblische Glaube geht bei aller Schärfe der Auseinandersetzung dem Besten des griechischen Denkens von innen her entgegen zu einer gegenseitigen Berührung, wie sie sich dann besonders in der späten Weisheits-Literatur vollzogen hat. [19]Heute wissen wir, daß die in Alexandrien entstandene griechische Übersetzung des Alten Testaments – die Septuaginta – mehr als eine bloße (vielleicht sogar wenig positiv zu beurteilende) Übersetzung des hebräischen Textes, sondern ein selbständiger Textzeuge und ein eigener wichtiger Schritt der Offenbarungsgeschichte ist, in dem sich diese Begegnung auf eine Weise realisiert hat, die für die Entstehung des Christentums und seine Verbreitung entscheidende Bedeutung gewann. [20]Zutiefst geht es dabei um die Begegnung zwischen Glaube und Vernunft, zwischen rechter Aufklärung und Religion. [21]Manuel II. hat wirklich aus dem inneren Wesen des christlichen Glaubens heraus und zugleich aus dem Wesen des Griechischen, das sich mit dem Glauben verschmolzen hatte, sagen können: [22]Nicht „mit dem Logos" handeln, ist dem Wesen Gottes zuwider.

IV. Biblische Tradition und griechische Philosophie: Eine historische Verbindung

[1]Hier ist der Redlichkeit halber anzumerken, daß sich im Spätmittelalter Tendenzen der Theologie entwickelt haben, die diese Synthese von Griechischem und Christlichem aufsprengen. [2]Gegenüber dem sogenannten augustinischen und thomistischen Intellektualismus beginnt bei Duns Scotus eine Position des Voluntarismus, die schließlich in den weiteren Entwicklungen dazu führt zu sagen, wir kennten von Gott nur seine *Voluntas ordinata*. [3]Jenseits davon gebe es die Freiheit Gottes, kraft derer er auch das Gegenteil von allem, was er getan hat, hätte machen und tun können. [4]Hier zeichnen sich Positionen ab, die denen von Ibn Hazm durchaus nahekommen können und auf das Bild eines Willkür-Gottes zulaufen könnten, der auch nicht an die Wahrheit und an das Gute gebunden ist. [5]Die Transzendenz und die Andersheit Gottes werden so weit übersteigert, daß auch unsere Vernunft, unser Sinn für das Wahre und Gute

kein wirklicher Spiegel Gottes mehr sind, dessen abgründige Möglichkeiten hinter seinen tatsächlichen Entscheiden für uns ewig unzugänglich und verborgen blieben. [6]Demgegenüber hat der kirchliche Glaube immer daran festgehalten, daß es zwischen Gott und uns, zwischen seinem ewigen Schöpfergeist und unserer geschaffenen Vernunft eine wirkliche Analogie gibt, in der zwar – wie das Vierte Laterankonzil 1215 sagt – die Unähnlichkeiten unendlich größer sind als die Ähnlichkeiten, dass aber eben doch die Analogie und ihre Sprache nicht aufgehoben werden. [7]Gott wird nicht göttlicher dadurch, daß wir ihn in einen reinen und undurchschaubaren Voluntarismus entrücken, sondern der wahrhaft göttliche Gott ist der Gott, der sich als Logos gezeigt und als Logos liebend für uns gehandelt hat. [8]Gewiß, die Liebe „übersteigt", wie Paulus sagt, die Erkenntnis und vermag daher mehr wahrzunehmen als das bloße Denken, aber sie bleibt doch Liebe des Gottes-Logos, weshalb christlicher Gottesdienst, wie noch einmal Paulus sagt, „λογικὴ λατρεία" ist – Gottesdienst, der im Einklang mit dem ewigen Wort und mit unserer Vernunft steht.

[9]Dieses hier angedeutete innere Zugehen aufeinander, das sich zwischen biblischem Glauben und griechischem philosophischem Fragen vollzogen hat, ist ein nicht nur religionsgeschichtlich, sondern weltgeschichtlich entscheidender Vorgang, der uns auch heute in die Pflicht nimmt. [10]Wenn man diese Begegnung sieht, ist es nicht verwunderlich, daß das Christentum trotz seines Ursprungs und wichtiger Entfaltungen im Orient schließlich seine geschichtlich entscheidende Prägung in Europa gefunden hat. [11]Wir können auch umgekehrt sagen: [12]Diese Begegnung, zu der dann noch das Erbe Roms hinzutritt, hat Europa geschaffen und bleibt die Grundlage dessen, was man mit Recht Europa nennen kann.

V. Enthellenisierung in der Reformationszeit:
Die Suche nach biblischer Ursprünglichkeit

[1]Die These, daß das kritisch gereinigte griechische Erbe wesentlich zum christlichen Glauben gehört, dieser These steht die Forderung nach der Enthellenisierung des Christentums entgegen, die seit dem Beginn der Neuzeit wachsend das theologische Ringen beherrscht. [2]Wenn man näher zusieht, kann man drei Wellen des Enthellenisierungsprogramms beobachten, die zwar miteinander verbunden, aber in ihren Begründungen und Zielen doch deutlich voneinander verschieden sind. [3]Die Enthellenisierung erscheint zuerst mit den Anliegen der Reformation des 16. Jahrhunderts verknüpft. [4]Die Reformatoren sahen sich angesichts der theologischen Schultradition einer ganz von der Philosophie her bestimmten Systematisierung des Glaubens gegenüber, sozusagen einer Fremdbestimmung des Glaubens durch ein nicht aus ihm kommendes Denken. [5]Der Glaube erschien dabei nicht mehr als lebendiges geschichtliches Wort, sondern eingehaust in ein

philosophisches System. [6]Das *Sola Scriptura* sucht demgegenüber die reine Urgestalt des Glaubens, wie er im biblischen Wort ursprünglich da ist. [7]Metaphysik erscheint als eine Vorgabe von anderswoher, von der man den Glauben befreien muß, damit er ganz wieder er selber sein könne. [8]In einer für die Reformatoren nicht vorhersehbaren Radikalität hat Kant mit seiner Aussage, er habe das Denken beiseite schaffen müssen, um dem Glauben Platz zu machen, aus diesem Programm heraus gehandelt. [9]Er hat dabei den Glauben ausschließlich in der praktischen Vernunft verankert und ihm den Zugang zum Ganzen der Wirklichkeit abgesprochen.

VI. Enttheologisierung in der Neuzeit: Die Verengung des Vernunftbegriffs

[1]Die liberale Theologie des 19. und 20. Jahrhunderts brachte eine zweite Welle im Programm der Enthellenisierung mit sich, für die Adolf von Harnack als herausragender Repräsentant steht. [2]In der Zeit, als ich studierte, wie in den frühen Jahren meines akademischen Wirkens war dieses Programm auch in der katholischen Theologie kräftig am Werk. [3]Pascals Unterscheidung zwischen dem Gott der Philosophen und dem Gott Abrahams, Isaaks und Jakobs diente als Ausgangspunkt dafür. [4]In meiner Bonner Antrittsvorlesung von 1959 habe ich mich damit auseinanderzusetzen versucht, und möchte dies alles hier nicht neu aufnehmen. [5]Wohl aber möchte ich wenigstens in aller Kürze versuchen, das unterscheidend Neue dieser zweiten Enthellenisierungswelle gegenüber der ersten herauszustellen. [6]Als Kerngedanke erscheint bei Harnack die Rückkehr zum einfachen Menschen Jesus und zu seiner einfachen Botschaft, die allen Theologisierungen und eben auch Hellenisierungen voraus liege: [7]Diese einfache Botschaft stelle die wirkliche Höhe der religiösen Entwicklung der Menschheit dar. [8]Jesus habe den Kult zugunsten der Moral verabschiedet. [9]Er wird im letzten als Vater einer menschenfreundlichen moralischen Botschaft dargestellt. [10]Dabei geht es Harnack im Grunde darum, das Christentum wieder mit der modernen Vernunft in Einklang zu bringen, eben indem man es von scheinbar philosophischen und theologischen Elementen wie etwa dem Glauben an die Gottheit Christi und die Dreieinheit Gottes befreie. [11]Insofern ordnet die historisch-kritische Auslegung des Neuen Testaments, wie er sie sah, die Theologie wieder neu in den Kosmos der Universität ein: [12]Theologie ist für Harnack wesentlich historisch und so streng wissenschaftlich. [13]Was sie auf dem Weg der Kritik über Jesus ermittelt, ist sozusagen Ausdruck der praktischen Vernunft und damit auch im Ganzen der Universität vertretbar. [14]Im Hintergrund steht die neuzeitliche Selbstbeschränkung der Vernunft, wie sie in Kants Kritiken klassischen Ausdruck gefunden hatte, inzwischen aber vom naturwissenschaftlichen Denken weiter radikalisiert wurde. [15]Diese moderne Auffassung der Vernunft beruht auf einer durch den technischen Erfolg

bestätigten Synthese zwischen Platonismus (und Cartesianismus) und Empirismus, um es verkürzt zu sagen. [16]Auf der einen Seite wird die mathematische Struktur der Materie, sozusagen ihre innere Rationalität vorausgesetzt, die es möglich macht, sie in ihrer Wirkform zu verstehen und zu gebrauchen: [17]Diese Grundvoraussetzung ist sozusagen das platonische Element im modernen Naturverständnis. [18]Auf der anderen Seite geht es um die Funktionalisierbarkeit der Natur für unsere Zwecke, wobei die Möglichkeit der Verifizierung oder Falsifizierung im Experiment erst die entscheidende Gewißheit liefert. [19]Das Gewicht zwischen den beiden Polen kann je nachdem mehr auf der einen oder anderen Seite liegen. [20]Ein so streng positivistischer Denker wie Monod hat sich als überzeugter Platoniker bezeichnet.

[21]Dies bringt zwei für unsere Frage entscheidende Grundorientierungen mit sich. [22]Nur die im Zusammenspiel von Mathematik und Empirie sich ergebende Form von Gewißheit gestattet es, von Wissenschaftlichkeit zu sprechen. [23]Was Wissenschaft sein will, muß sich diesem Maßstab stellen. [24]So versuchten dann auch die auf die menschlichen Dinge bezogenen Wissenschaften wie Geschichte, Psychologie, Soziologie, Philosophie, sich diesem Kanon von Wissenschaftlichkeit anzunähern. [25]Wichtig für unsere Überlegungen ist aber noch, daß die Methode als solche die Gottesfrage ausschließt und sie als unwissenschaftliche oder vorwissenschaftliche Frage erscheinen läßt. [26]Damit aber stehen wir vor einer Verkürzung des Radius von Wissenschaft und Vernunft, die in Frage gestellt werden muß.

[27]Darauf werde ich zurückkommen. [28]Einstweilen bleibt festzustellen, daß bei einem von dieser Sichtweise bestimmten Versuch, Theologie „wissenschaftlich" zu erhalten, vom Christentum nur ein armseliges Fragmentstück übrigbleibt. [29]Aber wir müssen sagen: [30]Wenn dies allein die ganze Wissenschaft ist, dann wird der Mensch selbst dabei verkürzt. [31]Denn die eigentlich menschlichen Fragen, die nach unserem Woher und Wohin, die Fragen der Religion und des Ethos können dann nicht im Raum der gemeinsamen, von der so verstandenen „Wissenschaft" umschriebenen Vernunft Platz finden und müssen ins Subjektive verlegt werden. [32]Das Subjekt entscheidet mit seinen Erfahrungen, was ihm religiös tragbar erscheint, und das subjektive „Gewissen" wird zur letztlich einzigen ethischen Instanz. [33]So aber verlieren Ethos und Religion ihre gemeinschaftsbildende Kraft und verfallen der Beliebigkeit. [34]Dieser Zustand aber ist für die Menschheit gefährlich: [35]Wir sehen es an den uns bedrohenden Pathologien der Religion und der Vernunft, die notwendig ausbrechen müssen, wo die Vernunft so verengt wird, daß ihr die Fragen der Religion und des Ethos nicht mehr zugehören. [36]Was an ethischen Versuchen von den Regeln der Evolution oder von Psychologie und Soziologie her bleibt, reicht einfach nicht aus.

VII. Das Argument der Inkulturation: Griechisch versus universal

[1]Bevor ich zu den Schlußfolgerungen komme, auf die ich mit alledem hinaus will, muß ich noch kurz die dritte Enthellenisierungswelle andeuten, die zurzeit umgeht. [2]Angesichts der Begegnung mit der Vielheit der Kulturen sagt man heute gern, die Synthese mit dem Griechentum, die sich in der alten Kirche vollzogen habe, sei eine erste Inkulturation des Christlichen gewesen, auf die man die anderen Kulturen nicht festlegen dürfe. [3]Ihr Recht müsse es sein, hinter diese Inkulturation zurückzugehen auf die einfache Botschaft des Neuen Testaments, um sie in ihren Räumen jeweils neu zu inkulturieren. [4]Diese These ist nicht einfach falsch, aber doch vergröbert und ungenau. [5]Denn das Neue Testament ist griechisch geschrieben und trägt in sich selber die Berührung mit dem griechischen Geist, die in der vorangegangenen Entwicklung des Alten Testaments gereift war. [6]Gewiß gibt es Schichten im Werdeprozeß der alten Kirche, die nicht in alle Kulturen eingehen müssen. [7]Aber die Grundentscheidungen, die eben den Zusammenhang des Glaubens mit dem Suchen der menschlichen Vernunft betreffen, die gehören zu diesem Glauben selbst und sind seine ihm gemäße Entfaltung.

VIII. Religion – Wissenschaft – Universität:
Die ganze Weite der Vernunft schließt das Göttliche mit ein

[1]Damit komme ich zum Schluß. [2]Die eben in ganz groben Zügen versuchte oder angedeutete Selbstkritik der modernen Vernunft schließt ganz und gar nicht die Auffassung ein, man müsse nun wieder hinter die Aufklärung zurückgehen und die Einsichten der Moderne verabschieden. [3]Das Große der modernen Geistesentwicklung wird ungeschmälert anerkannt: [4]Wir alle sind dankbar für die großen Möglichkeiten, die sie dem Menschen erschlossen hat und für die Fortschritte an Menschlichkeit, die uns geschenkt wurden. [5]Das Ethos der Wissenschaftlichkeit – Sie haben es angedeutet Magnifizenz – ist im übrigen Wille zum Gehorsam gegenüber der Wahrheit und insofern Ausdruck einer Grundhaltung, die zu den wesentlichen Entscheiden des Christlichen gehört. [6]Nicht Rücknahme, nicht negative Kritik ist gemeint, sondern um Ausweitung unseres Vernunftbegriffs und -gebrauchs geht es. [7]Denn bei aller Freude über die neuen Möglichkeiten des Menschen sehen wir auch die Bedrohungen, die aus diesen Möglichkeiten aufsteigen, und müssen uns fragen, wie wir ihrer Herr werden können. [8a]Wir können es nur, wenn Vernunft und Glaube auf neue Weise zueinanderfinden; [b]wenn wir die selbstverfügte Beschränkung der Vernunft auf das im Experiment Falsifizierbare überwinden und der Vernunft ihre ganze Weite wieder eröffnen. [9]In diesem Sinn gehört Theologie nicht nur als historische und humanwissenschaftliche Disziplin, sondern als eigentliche

Theologie, als Frage nach der Vernunft des Glaubens an die Universität und in ihren weiten Dialog der Wissenschaften hinein.

[10]Nur so werden wir auch zum wirklichen Dialog der Kulturen und Religionen fähig, dessen wir so dringend bedürfen. [11]In der westlichen Welt herrscht weithin die Meinung, allein die positivistische Vernunft und die ihr zugehörigen Formen der Philosophie seien universal. [12]Aber von den tief religiösen Kulturen der Welt wird gerade dieser Ausschluß des Göttlichen aus der Universalität der Vernunft als Verstoß gegen ihre innersten Überzeugungen angesehen. [13]Eine Vernunft, die dem Göttlichen gegenüber taub ist und Religion in den Bereich der Subkulturen abdrängt, ist unfähig zum Dialog der Kulturen. [14]Dabei trägt, wie ich zu zeigen versuchte, die moderne naturwissenschaftliche Vernunft mit dem ihr innewohnenden platonischen Element eine Frage in sich, die über sie und ihre methodischen Möglichkeiten hinausweist. [15]Sie selber muß die rationale Struktur der Materie wie ihre Korrespondenz zwischen uns wie die Korrespondenz der Materie zwischen unserem Geist und den in der Natur waltenden rationalen Strukturen ganz einfach als Gegebenheit annehmen, auf der ihr methodischer Weg beruht. [16]Aber die Frage, warum dies so ist, die besteht doch und muß von der Naturwissenschaft weitergegeben werden an andere Ebenen und Weisen des Denkens – an Philosophie und Theologie. [17]Für die Philosophie und in anderer Weise für die Theologie ist das Hören auf die großen Erfahrungen und Einsichten der religiösen Traditionen der Menschheit, besonders aber des christlichen Glaubens, eine Erkenntnisquelle, der sich zu verweigern eine unzulässige Verengung unseres Hörens und Antwortens wäre. [18]Mir kommt da ein Wort des Sokrates an Phaidon in den Sinn. [19]In den vorangehenden Gesprächen hatte man viele falsche philosophische Meinungen berührt, und nun sagt Sokrates: [20]Es wäre wohl zu verstehen, wenn einer aus Ärger über so viel Falsches sein übriges Leben lang alle Reden über das Sein haßte und schmähte. [21]Aber auf diese Weise würde er der Wahrheit des Seienden verlustig gehen und einen sehr großen Schaden erleiden. [22]Der Westen ist seit langem von dieser Abneigung gegen die grundlegenden Fragen seiner Vernunft bedroht und könnte damit einen großen Schaden erleiden. [23]Mut zur Weite der Vernunft, nicht Absage an ihre Größe – das ist das Programm, mit dem eine dem biblischen Glauben verpflichtete Theologie in den Disput der Gegenwart eintritt. [24]„Nicht vernunftgemäß, nicht mit dem Logos handeln ist dem Wesen Gottes zuwider", hat Manuel II. von seinem christlichen Gottesbild her zu seinem persischen Gesprächspartner gesagt. [25]In diesen großen Logos, in diese Weite der Vernunft laden wir beim Dialog der Kulturen unsere Gesprächspartner ein. [26]Sie selber immer wieder zu finden, ist die große Aufgabe der Universität.

II. Die Bundestagsrede

Editierte Rede Papst Benedikts XVI. im Deutschen Bundestag am 22. September 2011:

I. Einleitung und Dank

[1a]Sehr geehrter Herr Bundespräsident!
[b]Herr Bundestagspräsident!
[c]Frau Bundeskanzlerin!
[d]Herr Bundesratspräsident![1]
[e]Meine Damen und Herren Abgeordnete!

[2]Es ist mir Ehre und Freude, vor diesem Hohen Haus zu sprechen – vor dem Parlament meines deutschen Vaterlandes, das als demokratisch gewählte Volksvertretung hier zusammenkommt, um zum Wohl der Bundesrepublik Deutschland zu arbeiten. [3]Dem Herrn Bundestagspräsidenten möchte ich für seine Einladung zu dieser Rede ebenso danken wie für die freundlichen Worte der Begrüßung und Wertschätzung, mit denen er mich empfangen hat. [4]In dieser Stunde wende ich mich an Sie, verehrte Damen und Herren – gewiß auch als Landsmann, der sich lebenslang seiner Herkunft verbunden weiß und die Geschicke der deutschen Heimat mit Anteilnahme verfolgt. [5]Aber die Einladung zu dieser Rede gilt mir als Papst, als Bischof von Rom, der die oberste Verantwortung für die katholische Christenheit trägt. [6]Sie anerkennen damit die Rolle, die dem Heiligen Stuhl als Partner innerhalb der Völker- und Staatengemeinschaft zukommt. [7]Von dieser meiner internationalen Verantwortung her möchte ich Ihnen einige Gedanken über die Grundlagen des freiheitlichen Rechtsstaates vorlegen.

II. Recht, Macht und wahres Recht:
Historische Zugänge zur Grundfrage der Politik

[1]Lassen Sie mich meine Überlegungen über die Grundlagen des Rechts mit einer kleinen Geschichte aus der Heiligen Schrift beginnen. [2]Im ersten Buch der Könige wird erzählt, daß Gott dem jungen König Salomon bei seiner Thronbesteigung eine Bitte freistellte. [3]Was wird sich der junge Herrscher in diesem Augenblick erbitten? [4]Erfolg – Reichtum – langes Leben – Vernichtung der Feinde? [5]Nicht um diese Dinge bittet er. [6]Er bittet: [7]„Verleih deinem Knecht

---

[1] Die versehentlich verwendete feminine Form ist hier korrigiert worden.

17

ein hörendes Herz, damit er dein Volk zu regieren und das Gute vom Bösen zu unterscheiden versteht". [8]Die Bibel will uns mit dieser Erzählung sagen, worauf es für einen Politiker letztlich ankommen muß. [9]Sein letzter Maßstab und der Grund für seine Arbeit als Politiker darf nicht der Erfolg und schon gar nicht materieller Gewinn sein. [10]Die Politik muß Mühen um Gerechtigkeit sein und so die Grundvoraussetzung für Friede schaffen. [11]Natürlich wird ein Politiker den Erfolg suchen, ohne den er überhaupt nicht die Möglichkeit politischer Gestaltung hätte. [12]Aber der Erfolg ist dem Maßstab der Gerechtigkeit, dem Willen zum Recht und dem Verstehen für das Recht untergeordnet. [13]Erfolg kann auch Verführung sein und kann so den Weg auftun für die Verfälschung des Rechts, für die Zerstörung der Gerechtigkeit. [14]„Nimm das Recht weg – was ist dann ein Staat auch anderes als eine große Räuberbande", hat der heilige Augustinus einmal gesagt. [15]Wir Deutsche wissen es aus eigener Erfahrung, daß diese Worte nicht ein leeres Schreckgespenst sind. [16]Wir haben erlebt, daß Macht von Recht getrennt wurde, daß Macht gegen Recht stand, das Recht zertreten hat und daß der Staat zum Instrument der Rechtszerstörung wurde – zu einer sehr gut organisierten Räuberbande, die die ganze Welt bedrohen und an den Rand des Abgrunds treiben konnte. [17]Dem Recht zu dienen und der Herrschaft des Unrechts zu wehren ist und bleibt die grundlegende Aufgabe des Politikers. [18]In einer historischen Stunde, in der dem Menschen Macht zugefallen ist, die bisher nicht vorstellbar war, wird diese Aufgabe besonders dringlich. [19]Der Mensch kann die Welt zerstören. [20]Er kann sich selbst manipulieren. [21]Er kann sozusagen Menschen machen und Menschen vom Menschsein ausschließen. [22]Wie erkennen wir, was recht ist? [23]Wie können wir zwischen Gut und Böse, zwischen wahrem Recht und Scheinrecht unterscheiden? [24]Die salomonische Bitte bleibt die entscheidende Frage, vor der der Politiker und die Politik auch heute stehen. [25]In einem Großteil der rechtlich zu regelnden Materien kann die Mehrheit ein genügendes Kriterium sein. [26]Aber daß in den Grundfragen des Rechts, in denen es um die Würde des Menschen und der Menschheit geht, das Mehrheitsprinzip nicht ausreicht, ist offenkundig: [27]Jeder Verantwortliche muß sich bei der Rechtsbildung die Kriterien seiner Orientierung suchen. [28]Im 3. Jahrhundert hat der große Theologe Origenes den Widerstand der Christen gegen bestimmte geltende Rechtsordnungen so begründet: [29]„Wenn jemand sich bei den Skythen befände, die gottlose Gesetze haben, und gezwungen wäre, bei ihnen zu leben …, dann würde er wohl sehr vernünftig handeln, wenn er im Namen des Gesetzes der Wahrheit, das bei den Skythen ja Gesetzwidrigkeit ist, zusammen mit Gleichgesinnten auch entgegen der bei jenen bestehenden Ordnung Vereinigungen bilden würde …" [30]Von dieser Überzeugung her haben die Widerstandskämpfer gegen das Naziregime und gegen andere totalitäre Regime gehandelt und so dem Recht und der Menschheit als ganzer einen Dienst erwiesen. [31]Für diese Menschen war es unbestreitbar evident, daß geltendes Recht in Wirklichkeit Unrecht war. [32]Aber bei den Entscheidungen eines demokratischen Politikers ist die Frage, was nun dem Gesetz der Wahrheit entspreche, was wahrhaft recht sei und Gesetz werden könne, nicht ebenso evident. [33]Was in bezug auf die grundlegenden anthropologischen Fragen das Rechte ist und geltendes Recht werden kann, liegt heute keineswegs einfach zutage. [34]Die Frage, wie man das wahrhaft Rechte erkennen und so der Gerechtigkeit in der Gesetzgebung dienen kann, war nie einfach zu beantworten, und sie ist heute in der Fülle unseres Wissens und unseres Könnens noch sehr viel schwieriger geworden.

III. Was ist recht?
Entwicklung und Krise des abendländischen Rechtsverständnisses

[1]Wie erkennt man, was recht ist? [2]In der Geschichte sind Rechtsordnungen fast durchgehend religiös begründet worden: [3]Vom Blick auf die Gottheit her wird entschieden, was unter Menschen rechtens ist. [4]Im Gegensatz zu anderen großen Religionen hat das Christentum dem Staat und der Gesellschaft nie ein Offenbarungsrecht, nie eine Rechtsordnung aus Offenbarung vorgegeben. [5]Es hat stattdessen auf Natur und Vernunft als die wahren Rechtsquellen verwiesen – auf den Zusammenklang von objektiver und subjektiver Vernunft, der freilich das Gegründetsein beider Sphären in der schöpferischen Vernunft Gottes voraussetzt. [6]Die christlichen Theologen haben sich damit einer philosophischen und juristischen Bewegung angeschlossen, die sich seit dem zweiten Jahrhundert vor Christus gebildet hatte. [7]In der ersten Hälfte des zweiten vorchristlichen Jahrhunderts kam es zu einer Begegnung zwischen dem von stoischen Philosophen entwickelten sozialen Naturrecht und verantwortlichen Lehrern des römischen Rechts. [8]In dieser Berührung ist die abendländische Rechtskultur geboren worden, die für die Rechtskultur der Menschheit von entscheidender Bedeutung war und ist. [9]Von dieser vorchristlichen Verbindung von Recht und Philosophie geht der Weg über das christliche Mittelalter in die Rechtsentfaltung der Aufklärungszeit bis hin zur Erklärung der Menschenrechte und bis zu unserem deutschen Grundgesetz, mit dem sich unser Volk 1949 zu den „unverletzlichen und unveräußerlichen Menschenrechten als Grundlage jeder menschlichen Gemeinschaft, des Friedens und der Gerechtigkeit in der Welt" bekannt hat.
[10]Für die Entwicklung des Rechts und für die Entwicklung der Humanität war es entscheidend, daß sich die christlichen Theologen gegen das vom Götterglauben geforderte religiöse Recht auf die Seite der Philosophie gestellt, Vernunft und Natur in ihrem Zueinander als die für alle gültige Rechtsquelle anerkannt haben. [11]Diesen Entscheid hatte schon Paulus im Brief an die Römer vollzogen, wenn er sagt: [12]„Wenn Heiden, die das Gesetz (die Tora Israels) nicht haben, von Natur aus das tun, was im Gesetz gefordert ist, so sind sie... sich selbst Gesetz. [13a]Sie

zeigen damit, daß ihnen die Forderung des Gesetzes ins Herz geschrieben ist; [b]ihr Gewissen legt Zeugnis davon ab…". [14]Hier erscheinen die beiden Grundbegriffe Natur und Gewissen, wobei Gewissen nichts anderes ist als das hörende Herz Salomons, als die der Sprache des Seins geöffnete Vernunft. [15]Wenn damit bis in die Zeit der Aufklärung, der Menschenrechtserklärung nach dem Zweiten Weltkrieg und in der Gestaltung unseres Grundgesetzes die Frage nach den Grundlagen der Gesetzgebung geklärt schien, so hat sich im letzten halben Jahrhundert eine dramatische Veränderung der Situation zugetragen. [16]Der Gedanke des Naturrechts gilt heute als eine katholische Sonderlehre, über die außerhalb des katholischen Raums zu diskutieren nicht lohnen würde, so daß man sich schon beinahe schämt, das Wort überhaupt zu erwähnen. [17]Ich möchte kurz andeuten, wieso diese Situation entstanden ist. [18]Grundlegend ist zunächst die These, daß zwischen Sein und Sollen ein unüberbrückbarer Graben bestehe. [19]Aus Sein könne kein Sollen folgen, weil es sich da um zwei völlig verschiedene Bereiche handle. [20]Der Grund dafür ist das inzwischen fast allgemein angenommene positivistische Verständnis von Natur. [21]Wenn man die Natur – mit den Worten von Hans Kelsen – als „ein Aggregat von als Ursache und Wirkung miteinander verbundener Seinstatsachen" ansieht, dann kann aus ihr in der Tat keine irgendwie geartete ethische Weisung hervorgehen. [22]Ein positivistischer Naturbegriff, der die Natur rein funktional versteht, so wie die Naturwissenschaft sie erkennt, kann keine Brücke zu Ethos und Recht herstellen, sondern wiederum nur funktionale Antworten hervorrufen. [23]Das gleiche gilt aber auch für die Vernunft in einem positivistischen, weithin als allein wissenschaftlich angesehenen Verständnis. [24]Was nicht verifizierbar oder falsifizierbar ist, gehört danach nicht in den Bereich der Vernunft im strengen Sinn. Deshalb müssen Ethos und Religion dem Raum des Subjektiven zugewiesen werden und fallen aus dem Bereich der Vernunft im strengen Sinn des Wortes heraus. [25]Wo die alleinige Herrschaft der positivistischen Vernunft gilt – und das ist in unserem öffentlichen Bewußtsein weithin der Fall –, da sind die klassischen Erkenntnisquellen für Ethos und Recht außer Kraft gesetzt. [26]Dies ist eine dramatische Situation, die alle angeht und über die eine öffentliche Diskussion notwendig ist, zu der dringend einzuladen eine wesentliche Absicht dieser Rede bildet.

IV. Verengte Perspektive: Der moderne Vernunftbegriff behindert den Blick auf das Ganze der Wirklichkeit

[1]Das positivistische Konzept von Natur und Vernunft, die positivistische Weltsicht als Ganze ist ein großartiger Teil menschlichen Erkennens und menschlichen Könnens, auf die wir keinesfalls verzichten dürfen. [2]Aber es ist nicht selbst als Ganzes eine dem Menschsein in seiner Weite entsprechende und

genügende Kultur. [3]Wo die positivistische Vernunft sich allein als die genügende Kultur ansieht und alle anderen kulturellen Realitäten in den Status der Subkultur verbannt, da verkleinert sie den Menschen, ja sie bedroht seine Menschlichkeit. [4]Ich sage das gerade im Hinblick auf Europa, in dem weite Kreise versuchen, nur den Positivismus als gemeinsame Kultur und als gemeinsame Grundlage für die Rechtsbildung anzuerkennen, alle übrigen Einsichten und Werte unserer Kultur in den Status einer Subkultur verweisen und damit Europa gegenüber den anderen Kulturen der Welt in einen Status der Kulturlosigkeit gerückt und zugleich extremistische und radikale Strömungen herausgefordert werden. [5]Die sich exklusiv gebende positivistische Vernunft, die über das Funktionieren hinaus nichts wahrnehmen kann, gleicht den Betonbauten ohne Fenster, in denen wir uns Klima und Licht selber geben, beides nicht mehr aus der weiten Welt Gottes beziehen wollen. [6]Und dabei können wir uns doch nicht verbergen, daß wir in dieser selbstgemachten Welt im Stillen doch aus den Vorräten Gottes schöpfen, die wir zu unseren Produkten umgestalten. [7]Die Fenster müssen wieder aufgerissen werden, wir müssen wieder die Weite der Welt, den Himmel und die Erde sehen und all dies recht zu gebrauchen lernen.

[8]Aber wie geht das? [9]Wie finden wir in die Weite, ins Ganze? [10]Wie kann die Vernunft wieder ihre Größe finden, ohne ins Irrationale abzugleiten? [11]Wie kann die Natur wieder in ihrer wahren Tiefe, in ihrem Anspruch und mit ihrer Weisung erscheinen? [12]Ich erinnere an einen Vorgang in der jüngeren politischen Geschichte, in der Hoffnung, nicht allzusehr mißverstanden zu werden und nicht zu viele einseitige Polemiken hervorzurufen. [13]Ich würde sagen, daß das Auftreten der ökologischen Bewegung in der deutschen Politik seit den 70er Jahren zwar wohl nicht Fenster aufgerissen hat, aber ein Schrei nach frischer Luft gewesen ist und bleibt, den man nicht überhören darf und nicht beiseite schieben kann, weil man zu viel Irrationales darin findet. [14]Jungen Menschen war bewußt geworden, daß irgend etwas in unserem Umgang mit der Natur nicht stimmt. [15]Daß Materie nicht nur Material für unser Machen ist, sondern daß die Erde selbst ihre Würde in sich trägt und wir ihrer Weisung folgen müssen. [16]Es ist wohl klar, daß ich hier nicht Propaganda für eine bestimmte politische Partei mache – nichts liegt mir ferner als das. [17]Wenn in unserem Umgang mit der Wirklichkeit etwas nicht stimmt, dann müssen wir alle ernstlich über das Ganze nachdenken und sind alle auf die Frage nach den Grundlagen unserer Kultur überhaupt verwiesen. [18]Erlauben Sie mir, bitte, daß ich noch einen Augenblick bei diesem Punkt bleibe. [19]Die Bedeutung der Ökologie ist inzwischen unbestritten. [20]Wir müssen auf die Sprache der Natur hören und entsprechend antworten. [21]Ich möchte aber nachdrücklich einen Punkt ansprechen, der nach wie vor – wie mir scheint – ausgeklammert wird: [22]Es gibt auch eine Ökologie des Menschen. [23]Auch der Mensch hat eine Natur, die er achten muß und die er nicht beliebig manipulieren kann. [24]Der Mensch ist nicht nur sich selbst machende Freiheit. [25]Der Mensch macht sich nicht selbst. [26]Er ist Geist und

Wille.... er ist Geist und Wille, aber er ist auch Natur, und sein Wille ist dann recht, wenn er auf die Natur achtet, sie hört und sich annimmt als der, der er ist und der sich nicht selbst gemacht hat. [27]Gerade so und nur so vollzieht sich wahre menschliche Freiheit.

V. Zur Quelle aller Ordnung:
Der *Creator Spiritus* als Fundament von Recht und Welt

[1]Kehren wir zurück zu den Grundbegriffen Natur und Vernunft, von denen wir ausgegangen waren. [2]Der große Theoretiker des Rechtspositivismus, Kelsen, hat im Alter von 84 Jahren – 1965 – den Dualismus von Sein und Sollen aufgegeben. [3]Es tröstet mich, dass man mit 84 Jahren offenbar doch noch etwas Vernünftiges denken kann. [4]Er hatte gesagt, ... er hatte früher gesagt, daß Normen nur aus dem Willen kommen können. [5]Die Natur könnte folglich Normen nur enthalten, so fügt er hinzu, wenn ein Wille diese Normen in sie hineingelegt hätte. [6]Dies wiederum – sagt er – würde einen Schöpfergott voraussetzen, dessen Wille in die Natur miteingegangen ist. [7]„Über die Wahrheit dieses Glaubens zu diskutieren, ist völlig aussichtslos", bemerkt er dazu. [8]Wirklich? – möchte ich fragen. [9]Ist es wirklich sinnlos zu bedenken, ob die objektive Vernunft, die sich in der Natur zeigt, nicht eine schöpferische Vernunft, einen Creator Spiritus voraussetzt?

[10]An dieser Stelle müßte uns das kulturelle Erbe Europas zu Hilfe kommen. [11]Von der Überzeugung eines Schöpfergottes her ist die Idee der Menschenrechte, die Idee der Gleichheit aller Menschen vor dem Recht, die Erkenntnis der Unantastbarkeit der Menschenwürde in jedem einzelnen Menschen und das Wissen um die Verantwortung der Menschen für ihr Handeln entwickelt worden. [12]Diese Erkenntnisse der Vernunft bilden unser kulturelles Gedächtnis. [13]Es zu ignorieren oder als bloße Vergangenheit zu betrachten, wäre eine Amputation unserer Kultur insgesamt und würde sie ihrer Ganzheit berauben. [14]Die Kultur Europas ist aus der Begegnung von Jerusalem, Athen und Rom – aus der Begegnung zwischen dem Gottesglauben Israels, der philosophischen Vernunft der Griechen und dem Rechtsdenken Roms entstanden. [15]Diese dreifache Begegnung bildet die innere Identität Europas. [16]Sie hat im Bewußtsein der Verantwortung des Menschen vor Gott und in der Anerkenntnis der unantastbaren Würde des Menschen, eines jeden Menschen, Maßstäbe des Rechts gesetzt, die zu verteidigen uns in unserer historischen Stunde aufgegeben ist. [17]Dem jungen König Salomon ist in der Stunde seiner Amtsübernahme eine Bitte freigestellt worden. [18]Wie wäre es, wenn uns, den Gesetzgebern von heute, eine Bitte freigestellt würde? [19]Was würden wir erbitten? [20]Ich denke, auch heute könnten wir letztlich nichts anderes wünschen als ein hörendes Herz – die

Fähigkeit, Gut und Böse zu unterscheiden und so wahres Recht zu setzen, der Gerechtigkeit zu dienen und dem Frieden. [21]Ich danke Ihnen für Ihre Aufmerksamkeit!

III. Anmerkungen zur Regensburger Rede

Obwohl sich die *Regensburger Rede* zunächst an ein akademisches Publikum mit philosophischem und theologischem Hintergrund gewendet hat, sind viele ihrer Fragestellungen auch für Zuhörer anderer Fakultäten sowie für interessierte Zeitgenossen von Bedeutung.

I. Begrüßung und Rückblick:
Vernunft im universitären Diskurs: Die Aufgabe der Theologie

In den einleitenden Worten wird zuallererst die Verbundenheit des Pontifex mit der Universität deutlich. Hier zeigt sich, dass schon der junge Josef Ratzinger neben seiner geistlichen Berufung immer den wissenschaftlichen Diskurs gesucht hat. Es war ihm offenbar nicht genug, den Glauben nur als ein Geschenk anzunehmen und dieses mit großer Dankbarkeit vor sich her zu tragen. Vielmehr hat er mit den Fragen seiner Religion, auch seiner Kirche stets gerungen, auf der Suche nach Antworten und Wegen, die in einem weiten Sinne als „vernünftig" erscheinen konnten. Biographen werden seinen Einfluss auf das II. Vatikanische Konzil nennen oder seine Rolle als Präfekt der Glaubenskongregation in Rom. Augenscheinlich ist jedenfalls seine Verwurzelung im Diskurs der Universität.

Benedikt erinnert dann an die früher selbstverständliche Zugehörigkeit der Theologie zur Universität, weil so im Rahmen der christlichen Tradition Fragen thematisiert wurden, die über den Horizont der einzelnen Fachbereiche hinausgingen – etwa die nach Gott. Es ist spürbar, dass hier ein besonderes Anliegen des Heiligen Vaters liegt, auf das er später noch zurückkommen wird.

II. Glaube versus Vernunft: Gewalt widerspricht dem Wesen Gottes

Im zweiten Abschnitt geht es um das Verhältnis von Religion und Gewalt, genauer: um Gewalt als Mittel zur Durchsetzung oder Verbreitung religiöser Ideen. In diesem Zusammenhang taucht auch das *Papstzitat von Regensburg* auf, in welchem Benedikt die Worte des byzantinischen Kaisers Manuel II. referiert, ohne sie sich dabei zu eigen zu machen, wie noch kurz aufgezeigt werden wird.

Die Unterhaltung des byzantinischen Kaisers mit seinem persischen Gesprächspartner bildet jedoch nur einen historischen Rahmen. Genauso gut hätte ein aktuelles Beispiel der Gewalt aus dem Nahen Osten bemüht werden können. Wenn allerdings seit der seinerzeitigen Unterredung über sechshundert Jahre vergangen sind und heute innerhalb des Islams wie auch zwischen islamischen Strömungen und dem Westen gewaltsame Konflikte herrschen, dann liegt es nahe, dem Islam als Religion die Frage nach der Legitimität von Gewalt zu stellen und für dieses grundsätzliche Thema weit hinter die aktuellen Ereignisse zu treten.

Benedikt geht es allerdings im engeren Sinne nicht um eine konkrete Religion und deren Verhältnis zur Gewalt, sondern um die Abgrenzung des christlichen Glaubens von eben dieser, wie es Manuel beispielhaft formuliert hat: *„Gott hat kein Gefallen am Blut", „und nicht vernunftgemäß, nicht „σὺν λόγω" zu handeln, ist dem Wesen Gottes zuwider. Der Glaube ist Frucht der Seele, nicht des Körpers. Wer also jemanden zum Glauben führen* *will, braucht die Fähigkeit zur guten Rede und ein rechtes Denken, nicht aber Gewalt und Drohung... Um eine vernünftige Seele zu überzeugen, braucht man nicht seinen Arm, nicht Schlagwerkzeuge noch sonst eines der Mittel, durch die man jemanden mit dem Tod bedrohen kann..." (II,12b-15a).*

Manuels Ausführungen, denen Benedikt sich anschließt, erscheinen aufgeklärten Zeitgenossen als geradezu selbstverständlich, bedeutet doch „Überzeugung" durch gewaltsame Mittel keine *innere* Überzeugung, sondern eine Einschüchterung.

So verbindet sich die Art der Verbreitung und Vermittlung des Glaubens mit dem darin sich entfaltenden Gottes- und Menschenbild. Gerade hier hat der biblische Glaube die Vorstellung eines Gottes entwickelt, der dem Menschen nicht völlig wesensfremd *(„absolut transzendent"; II,20b)* gegenübersteht, sondern sich mit Hilfe der Vernunft erkennen lässt. Für Theologen ist diese Diskussion nichts Neues, für fachliche Laien – für religionskritische zumal – geht es freilich um eine Grundfrage, die nicht einfach abgehakt werden kann: Wie soll man sich vorstellen, eine Erkenntnis über Gott zu gewinnen? Die *Regensburger Rede* kann diesbezüglich nur Andeutungen machen, weil sonst der zeitliche Rahmen gesprengt würde.

Festzuhalten bleibt aber die hier schon angedeutete, geradezu revolutionäre Sicht auf die Frage der richtigen Glaubensvermittlung:

Der göttliche Logos kann dem Menschen nicht von außen aufgezwungen werden, er muss sich in ihm selbst entfalten. Andere können diesen Prozess von außen fördern, wenn sie *„die Fähigkeit zur guten Rede und ein rechtes Denken" (II,14)* haben. Doch es ist der Mensch selbst, der den Logos für sich entfaltet.

Gerade, weil Benedikt später an Sokrates erinnert (vgl. VIII,18-21), scheint der Vergleich mit der sokratischen Methode des philosophischen Diskurses, bekannt als *Mäeutik* („Hebammenkunst"), berechtigt: Der Schüler bekommt dabei sein Wissen nicht vom Lehrer vermittelt, sondern gelangt in eingehenden Gesprächen von selbst zur Erkenntnis der Wahrheit. Der Philosoph überträgt also nicht einfach sein eigenes Wissen, sondern steht dem Wahrheitssuchenden wie ein Geburtshelfer zur Seite.

Die Regensburger Rede hätte kaum den Weg in die internationale Berichterstattung gefunden, wenn sie nicht in den Verdacht geraten wäre, sich abfällig über den Islam geäußert zu haben. Dabei ist allerdings übersehen worden, dass das fragliche Zitat:

„Zeig mir doch, was Mohammed Neues gebracht hat, und da wirst du – so sagt er – nur Schlechtes und Inhumanes finden wie dies, daß er vorgeschrieben hat, den Glauben, den er predigte, durch das Schwert zu verbreiten" (II,9b)

vom byzantinischen Kaiser Manuel II. stammt und von Benedikt ausdrücklich nicht übernommen wurde. Tatsächlich finden sich mehrere Schichten der Distanzierung, die in ihrer Gesamtheit überaus deutlich sind:
Zweimal betont Benedikt, dass er an dieser Stelle ein Zitat wiedergibt (vgl. II,9a und 9c). Ebenfalls zweimal kennzeichnet er das vorgetragene Zitat als unausgewogen drastisch: Zuerst bezeichnet er es als *„erstaunlich schroffe[], uns überraschend schroffe[] Form"*, letzteres in der offiziellen Nachbearbeitung des Manuskripts noch deutlicher als *„für uns unannehmbar schroffe[] Form"*. Gleich im Anschluss merkt er noch an, dass der Kaiser doch *„so zugeschlagen"(II,10)* habe. Abgesehen davon hat der Papst bereits im Vorfeld davon gesprochen, dass ihm der Gesprächsausschnitt *„nur als Ausgangspunkt für [s]eine Überlegungen" (II,4)* diene, weil es sich um einen *„eher marginalen" (II,4)* Aspekt handle. Die Bedeutung des kritisierten Zitats ist so bereits im Vorfeld relativiert worden.

III. Glaube begegnet Vernunft: Die biblische Tradition

Im dritten Abschnitt macht Benedikt deutlich, dass die Verankerung des Wesens Gottes – soweit mit der menschlichen Vernunft erkennbar – in einem ungleich größeren Vernunft-Logos nicht bloß eine besondere Variante von Religiosität ist, die mehr oder weniger zufällig mit dem Christentum aufgetreten ist. Die abstrakte Rede vom *Logos* als göttlichem Welt- und Handlungsprinzip setzt eine Abgrenzung von anthropomorphen, d.h. dem Menschen nachempfundenen Gottesvorstellungen voraus, wie sie in vielen religiösen Traditionen vorkommen.

Auf diesem Weg zu einem abstrakten und am Ende universellen Gott sieht Benedikt bereits die Tradition des Alten Testaments, wo er auf die Dornbuscherzählung verweist, in der sich Gott Mose mit den Worten vorstellt: *„Ich bin"* (oder: *„Ich bin, der ich bin"* – *Exodus 3,14).* Statt eines sonst üblichen Götternamens steht die reine Existenz im Zentrum der Selbstoffenbarung und damit *„eine Art von Aufklärung"* (III,17), wie sie auch im griechischen Denken mit Sokrates stattfindet: Hier geht die Abwendung von den mythischen Göttern mit einer Hinwendung zur menschlichen Vernunft einher. Dort wo sich hellenistische Kultur und jüdische Religion im Mittelmeerraum berührten, begegneten sich auch die beiden Strömungen.

Mit dem Christentum verstärkt sich diese Verbindung eines aufgeklärten Monotheismus´ mit philosophischer Vernunftsuche, „zwischen biblischem Glauben und griechischem Fragen" (III,12). So findet sich im Johannesprolog, der mit den Worten beginnt: *„Im Anfang war das Wort, und das Wort war bei Gott, und das Wort war Gott." (Joh.1,1)* im griechischen Original bereits der Gottesbegriff *„logos"*, der im Deutschen meist mit „Wort" übersetzt wird. Damit lässt sich die weitreichende Bedeutung des Ausdrucks *logos* allerdings nur unzureichend wiedergeben. Der Satz des Johannes entspricht von der Formulierung her dem ersten Satz des Alten Testaments, mit dem die Schöpfungsgeschichte beginnt. Der Gottesbegriff ist jener, der bis heute das Christentum prägt und den auch Manuel II. verwendet hat.

„Logos ist Vernunft und Wort zugleich – eine Vernunft, die schöpferisch ist und sich mitteilen kann, aber eben als Vernunft. Johannes hat uns damit das abschließende Wort des biblischen Gottesbegriffs geschenkt, in dem alle die oft mühsamen und verschlungenen Wege des biblischen Glaubens an ihr Ziel kommen und ihre Synthese finden. Im Anfang war der Logos, und der Logos ist Gott, so sagt uns der Evangelist" *(III,8-10).*

Vor diesem Hintergrund muss – so Benedikt – das Urteil des byzantinischen Kaisers gesehen werden: *„Manuel II. hat wirklich aus dem inneren Wesen des christlichen Glaubens heraus und zugleich aus dem Wesen des Griechischen, das sich mit dem Glauben verschmolzen hatte, sagen können: Nicht „mit dem Logos" handeln, ist dem Wesen Gottes zuwider"* (III,21-22).

IV. Biblische Tradition und griechische Philosophie:
Eine historische Verbindung

Im vierten Abschnitt weist Benedikt auf die Voraussetzung hin, die für Manuels Feststellung bestehen: Es muss sich bei Gott um ein Wesen handeln, das der menschlichen Vernunft wenigstens in vagen Ansätzen zugänglich ist. Sein unendlicher Logos muss in irgendeiner Weise erfahrbar, erahnbar oder erschließbar sein. Wenigstens darf keine so große Wesensverschiedenheit vorherrschen, dass das Erkenntnisvermögen der menschlichen Vernunft völlig scheitert, das Göttliche gänzlich unerkennbar und unerklärlich bleibt und dem Menschen allenfalls die Rolle zukommt, einen vermeintlich göttlichen Willen auszuführen.

In dieser Frage bestand und besteht Uneinigkeit in den verschiedenen Glaubenstraditionen der Menschheit. Deshalb liegt in der Verbindung zwischen dem griechischen Geist und der jüdischen, vor allem später der christlichen Religion eine einmalige historische Begebenheit: Das *„hier angedeutete innere Zugehen aufeinander, das sich zwischen biblischem Glauben und griechischem philosophischem Fragen vollzogen hat, ist ein nicht nur religionsgeschichtlich, sondern weltgeschichtlich entscheidender Vorgang, der uns auch heute in die Pflicht nimmt. Wenn man diese Begegnung sieht, ist es nicht verwunderlich, daß das Christentum trotz seines Ursprungs und wichtiger Entfaltungen im Orient schließlich seine geschichtlich entscheidende Prägung in Europa gefunden hat. Wir können auch umgekehrt sagen: Diese Begegnung, zu der dann noch das Erbe Roms hinzutritt, hat Europa geschaffen und bleibt die Grundlage dessen, was man mit Recht Europa nennen kann"* (IV,9-12).

V. Enthellenisierung in der Reformationszeit:
Die Suche nach biblischer Ursprünglichkeit

Der fünfte Abschnitt erläutert den ersten von drei Gründen, weshalb der Beitrag der griechischen Philosophie bei der historischen Entwicklung des Christentums, der zuvor positiv dargestellt wurde, von mancher Seite als Belastung gesehen wurde. Die Bestrebung, den einstigen Einfluss wieder rückgängig zu machen, wird als Enthellenisierung bezeichnet.

So sahen die Reformatoren in der griechischen Philosophie und der davon gespeisten Theologie ein Denksystem, das der biblischen Tradition ursprünglich fremd gewesen sei und das die eigentliche Botschaft des Glaubens überdecke und verenge. Die Rückkehr zur ursprünglichen christlichen Botschaft führt demnach über die ausschließliche Hinwendung zum biblischen Text selbst.

VI. Enttheologisierung in der Neuzeit: Die Verengung des Vernunftbegriffs

Im sechsten Abschnitt verbindet sich die Darstellung des zweiten Enthellenisierungs-Arguments mit dem eigentlichen großen Thema der Regensburger Rede: dem verengten Vernunftbegriff in den modernen Wissenschaften. So hat sich seit Beginn der Neuzeit der Begriff der Wissenschaftlichkeit in eine naturwissenschaftlich geprägte Deutung verschoben. Demnach ist nur das als vernünftig und wissenschaftlich anzusehen, was sich experimentell nachweisen und wiederholt überprüfen lässt. Bestärkt durch die Erfolge technischer Entwicklung und bahnbrechender Erfindungen hat sich die mathematisch-physikalische Methode als Erklärungsmodell in den Naturwissenschaften behauptet und versucht nun auch die Sozial- und Geisteswissenschaften zu durchdringen.

Der naturwissenschaftliche Ansatz ist allerdings schon vom Ansatz her ungeeignet, historische Ereignisse oder existenzielle Fragen der Philosophie und Theologie zu behandeln. Hierfür gibt es andere Wege der wissenschaftlichen Auseinandersetzung. Benedikt weist denn auch darauf hin, dass *„bei einem von dieser Sichtweise her bestimmten Versuch, Theologie „wissenschaftlich" zu erhalten, vom Christentum nur ein* *armseliges Fragmentstück übrigbleibt"* (VI,28). Die Orientierung am naturwissenschaftlichen Ansatz würde dazu führen, *„daß die Methode als solche die Gottesfrage ausschließt und sie als unwissenschaftliche oder vorwissenschaftliche Frage erscheinen läßt. Damit aber stehen wir vor einer Verkürzung des Radius von Wissenschaft und Vernunft, die in Frage gestellt werden muß"* (VI,25-26).

Diese Grundfrage ist der zweite Hauptaspekt der Regensburger Rede: Der verengte Vernunft- und Wissenschaftsbegriff, der zunehmend auch an den Universitäten um sich greift. Denn die Folgen sind unübersehbar: *„Wenn dies allein die ganze Wissenschaft ist, dann wird der Mensch selbst dabei verkürzt. Denn die eigentlich menschlichen Fragen, die nach unserem Woher und Wohin, die Fragen der Religion und des Ethos können dann nicht im Raum der gemeinsamen, von der so verstandenen „Wissenschaft" umschriebenen Vernunft Platz finden und müssen ins Subjektive verlegt werden"* (VI,30-31). Ins Subjektive verlegt heißt dabei: Es liegt im Belieben des Einzelnen, wie er religiöse, moralische oder existenzielle Fragen beantwortet, weil eine vernünftige, verbindliche Diskussion hierüber nicht mehr als sinnvoll gilt. Alle individuellen Annahmen sind dann nur mehr relativ – subjektiv – wahr, weil der Einzelne es so empfindet. Eine Wahrheit im eigentlichen Sinn ist damit obsolet geworden. Die Warnung vor dieser Art des Relativismus begleitet Benedikts Pontifikat von Anfang an.
In Bezug auf die *„zweite Welle im Programm der Enthellenisierung"* (VI,1), von der oben schon die Rede war, verweist der Heilige Vater stellvertretend auf die Bestrebungen des Theologen Adolf von Harnack, der ähnlich den Reformatoren den historisch gewachsenen Einfluss von Philosophie, Theologie und kirchlicher Hierarchie hinter sich lassen wollte, der sich aber dann auf Jesus von Nazareth im Hinblick auf die moralische Ausstrahlungskraft seiner Botschaft konzentrieren wollte. Mit diesem ethischen Blickwinkel hätte die Theologie dann zwar in den Rahmen des seinerzeit aufkommenden neuen Vernunftbegriffs gepasst und universitäre Standards erfüllt, sie hätte aber ihr weitreichendes philosophisch-theologisches Erbe wie einen Ballast abwerfen müssen.

VII. Das Argument der Inkulturation: griechisch versus universal

Im siebten Kapitel geht es um das dritte Argument für eine Enthellenisierung, das aber nur kurz angesprochen wird. Ihm zufolge ist der christliche Glaube quasi in der griechischen Kinderstube aufgewachsen und hat einen griechischen „Einschlag". Wenn die christliche Botschaft sich aber auch in anderen Kulturkreisen entfalten solle, dann müsse sie dort – ohne griechische Prägung – ebenfalls „von vorne beginnen" dürfen. Benedikt stimmt dem in Bezug auf einige Traditionen zu, verweist aber darauf, dass der christliche Glaube die „griechischen Wesenszüge" nicht erst später aufgenommen hat, sondern dass sie zu seiner Grundverfassung gehören.

VIII. Religion – Wissenschaft – Universität:
    Die ganze Weite der Vernunft schließt das Göttliche mit ein

Zum Abschluss des Vortrags ergänzt Benedikt seine vorhergehende Diagnose – eines verengten neuzeitlichen Vernunftbegriffs – durch die Forderung nach einer *„Ausweitung unseres Vernunftbegriffs und –gebrauchs"* (VIII,6). Eine der Wahrheit verpflichtete Wissenschaft müsse *„die selbstverfügte Beschränkung der Vernunft auf das im*

Experiment Falsifizierbare überwinden und der Vernunft ihre ganze Weite wieder eröffnen" (VIII,8b). Der Papst betont an dieser Stelle, dass diese Forderung nicht gegen die Aufklärung und ihre Errungenschaften gerichtet ist, dass aber die gewachsenen Möglichkeiten des Menschen ein Korrektiv der Vernunft brauchen, um negative Folgen zu verhindern. So gesehen ist es der Glaube an den Fortschritt, der durch die Frage nach seiner Vernünftigkeit einer Prüfung bedarf – wozu gerade die universitäre Theologie einen Beitrag leisten kann.

Die Ausweitung des Vernunftbegriffs bezieht sich aber nicht nur auf den Beitrag der Theologie zur Suche nach Kriterien für Wissenschaft und Forschung, vielmehr geht es um die grundsätzliche Frage nach Transzendenz:

Wann immer Philosophie und Theologie nach dem Ursprung von moralischen und ästhetischen Werten oder nach der Existenz Gottes fragen, verlassen sie das enge Korsett des naturwissenschaftlichen Weltbilds. Wenn nun für die ganz grundlegenden philosophischen Fragen das Göttliche aus dem – westlichen – universitären Diskurs ausgeschlossen werde, stoße das auf Widerspruch bei *„den tief religiösen Kulturen der Welt" (VIII,12).* Denn für *„die Philosophie und in anderer Weise für die Theologie ist das Hören auf die großen Erfahrungen und Einsichten der religiösen Traditionen der Menschheit, besonders aber des christlichen Glaubens, eine Erkenntnisquelle, der sich zu verweigern eine unzulässige Verengung unseres Hörens und Antwortens wäre" (VIII,17).*

Benedikt plädiert an dieser Stelle für eine Aufgeschlossenheit der – auch wissenschaftlichen – Vernunft gegenüber Sinnfragen und Antworten, die aus der religiösen Tradition stammen, sozusagen für eine Ausweitung der „Hörweite" der Vernunft seitens ihrer Träger. Das Zulassen dieses Erfahrungsbereichs trägt daneben zur Identität des Menschen, auch des Akademikers bei, der sich in einer sich verändernden Welt zurechtfinden muss: *„Eine Vernunft, die dem Göttlichen gegenüber taub ist und Religion in den Bereich der Subkulturen abdrängt, ist unfähig zum Dialog der Kulturen" (VIII,13).*

Dass sich dieser Dialog der Kulturen in gleicher Weise auf einer *vernünftigen* Ebene abspielen muss, wie etwa die Vermittlung des Glaubens, steht außer Frage. Alle Gesprächspartner müssen „mit Logos" handeln, denn – wie Manuel II. gesagt hat – braucht es *„die Fähigkeit zur guten Rede und ein rechtes Denken, nicht aber Gewalt und Drohung... [u]m eine vernünftige Seele zu überzeugen" (II,14-15).* Für den Dialog der Kulturen bzw. Religionen untereinander gilt somit, was auch für den Diskurs zwischen Vernunft und Glaube an der Universität gilt:

Der guten Rede und dem rechten Denken des einen Gesprächspartners muss jeweils die Bereitschaft des Zuhörens „mit aller Weite der Vernunft" auf Seiten des anderen entsprechen. Die Grundlage des Dialogs liegt freilich darin, dass alle Beteiligten „mit Logos" handeln und so in der ganzen Weite ihres Wesens am göttlichen Logos teilhaben.

In diesem Sinne schließt Benedikt seinen Vortrag mit einer Einladung:

„„Nicht vernunftgemäß, nicht mit dem Logos handeln ist dem Wesen Gottes zuwider", hat Manuel II. von seinem christlichen Gottesbild her zu seinem persischen Gesprächspartner gesagt. In diesen großen Logos, in diese Weite der Vernunft laden wir beim Dialog der Kulturen unsere Gesprächspartner ein. Sie selber immer wieder zu finden, ist die große Aufgabe der Universität" (VIII, 24-26).

Verzeichnis griechischer Ausdrücke

Griechischer Begriff	Position	Transskription	Bedeutung
διάλεξις	II,5	dialexis	Kontroverse - Streitgespräch
[διάλογος]	II,5	diálogos	Unterredung - Gespräch
σὺν λόγω	II,12b, III,7	sìn lógo	mit Vernunft/*Logos* (vgl. III,6-8) Der Begriff des Logos (λόγος – lógos) hat ein großes Bedeutungsfeld, z.B. Vernunft, Sinn, Argument, Wort, Lehre und im Philosophischen auch Weltgeist oder Weltprinzip.
λογικη λατρεία	IV,8	logiki latreia	(vernunft-/logos-)gemäßer Gottesdienst (vgl. III,6-8)

Verzeichnis lateinischer Ausdrücke

Lateinischer Begriff	Position	Bedeutung
Dies academicus	I,8	„Akademischer Tag" – ein „Tag" der offenen Tür" der verschiedenen Fakultäten und Fachrichtungen einer Universität
Universitas (scientiarum)	I,8 / I,10	„Gesamtheit (der Wissenschaften)" – der Inbegriff einer *Universität*
Voluntas ordinata	IV,2	(„geordneter Wille") Der an sich völlig freie Wille Gottes endet dort, wo er bereits in einer bestimmten Weise gehandelt hat, Gott sich durch einen *voluntas ordinata* festgelegt hat. Der Ausdruck Voluntarismus (IV,7) betont eine Vorrangstellung des göttlichen Willens jenseits menschlicher Maßstäbe (vgl. dagegen IV,6 ff).
Sola Scriptura	V,6	„Nur die Schrift" – Forderung einer ausschließlichen Orientierung des Glaubens an der Heiligen Schrift selbst, ohne kirchliche Überlieferungen.

Verzeichnis biblischer Textstellen

Verweis	Stelle	Bedeutung
Apg 16,6 – 10 [Apostelgeschichte]	III,12	Die Apostelgeschichte beschreibt eine Traumvision des Paulus, in der er die Berufung sieht, in Mazedonien zu predigen.
Ps 115 [Psalm]	III,17	Psalm 115 äußert sich abfällig über fremde, menschenähnliche Gottesbilder und stellt den Gott Israels dazu in Kontrast.
Eph 3,19 [Paulusbrief an die Epheser]	IV,8	*„...und die Liebe Christi erkennet, die doch alle Erkenntnis übertrifft, auf daß ihr erfüllt werdet bis zur ganzen Fülle Gottes"* (Übs. Schlachter, 1951).
Röm 12,1 [Paulusbrief an die Römer]	IV,8	*„Ich ermahne euch nun, ihr Brüder, kraft der Barmherzigkeit Gottes, daß ihr eure Leiber darbringet als ein lebendiges, heiliges, Gott wohlgefälliges Opfer: das sei euer vernünftiger Gottesdienst!"* (Übs. Schlachter, 1951).

V. Anmerkungen zur Bundestagsrede

I. Einleitung und Dank

Schon in der Begrüßung scheint die Frage auf, in welcher Eigenschaft Benedikt XVI. vor dem Deutschen Bundestag spricht: Als Vertreter einer Religionsgemeinschaft, als Vertreter des Vatikanstaats oder als berühmter Deutscher? Weil der Besuch des Pontifex alle drei Aspekte miteinander zu verbinden schien, war er bei einem Teil der Abgeordneten auch umstritten. Wenn Benedikt auf *„die Rolle, die dem Heiligen Stuhl als Partner innerhalb der Völker- und Staatengemeinschaft zukommt."* (I,6) verweist und somit auf seine *„internationale[] Verantwortung"* (I,7), so kann er den Skeptikern wenigstens ein Stück weit entgegenkommen.

Ungewöhnlich ist freilich, dass er in dieser Funktion eine philosophische Grundsatzrede hält, sodass er wie schon an der Universität in Regensburg nicht als katholischer Prediger, sondern als akademischer Lehrer in Erscheinung tritt.

II. Recht, Macht und wahres Recht:
Historische Zugänge zur Grundfrage der Politik

Benedikt widmet sich in seiner Rede keinen tagespolitischen Ereignissen, wenngleich sich manche finden ließen, die man aus kirchlicher Sicht kommentieren könnte. Es geht ihm um die Grundfrage des politischen Handelns: die Suche nach Recht und Gerechtigkeit.

Waren in der Regensburger Vorlesung die Fundamente der Wissenschaft und somit das Bild von der Wirklichkeit als Ganzes im Blick, so steht mit der Fokussierung auf die Grundlagen des Rechts dieses Mal ein wichtiger Teilbereich auf der Tagesordnung.

Zunächst veranschaulicht der Pontifex die Diskrepanz zwischen dem sog. *positiven* Recht, das seinen Namen davon hat, dass es niedergelegt ist, und das für seine formale Gültigkeit bestimmte Verfahren durchlaufen muss, und dem wahren Recht, das sich aus dem speist, was im eigentliche Sinne recht, gerecht und richtig ist. Der Verweis auf die Geschichte macht deutlich, dass eine formal bestehende Rechtsordnung – wie im Nationalsozialismus – keineswegs „recht" sein muss. Nicht zuletzt aus dieser historischen Perspektive heraus stellt Benedikt fest: *„Dem Recht zu dienen und der Herrschaft des Unrechts zu wehren ist und bleibt die grundlegende Aufgabe des Politikers"* (II,17).

III. Was ist *recht*?
Entwicklung und Krise des abendländischen Rechtsverständnisses

„Wie erkennt man, was recht ist?" (II,1), fragt Benedikt weiter, wo doch das Recht das Fundament des politischen Handelns sein soll, und skizziert die abendländische Rechtskultur, die nicht religiösen Vorschriften und Geboten folgt, sondern allein der menschlichen Vernunft vertraut und sich auf das Naturrecht stützt. Mit diesem Begriff ist die Vorstellung verbunden, dass das Recht, dass moralisch-ethische Werte tatsächlich, objektiv gelten, unabhängig von einer Mehrheitsmeinung in Politik und Gesellschaft und auch dann, wenn sie nicht als positives Recht verfasst sind. Das Recht gilt gewissermaßen

von Natur aus, und es ist dem Menschen im Prinzip auch zugänglich, sein Gewissen kann den Ruf dessen, was recht ist, hören.

Diese Auffassung von Recht mag zwar bei vielen Menschen noch intuitiv vorhanden sein, es wird jedoch vom herrschenden naturwissenschaftlich inspirierten Weltbild in Frage gestellt. In einer Wirklichkeit, die ausschließlich nach den Gesetzen der Physik funktioniert, ist kein Platz für Werte und Moral. Was „recht" ist, ist daher nur mehr eine subjektive Ansicht des Einzelnen. Hier aber liegt das zentrale Problem: *„Ein positivistischer Naturbegriff, der die Natur rein funktional versteht, so wie die Naturwissenschaft sie erkennt, kann keine Brücke zu Ethos und Recht herstellen, sondern wiederum nur funktionale Antworten hervorrufen"* (III,22). Damit aber ist dem Recht, wie es für das abendländische Verständnis konstitutiv war, die Grundlage entzogen, weshalb Benedikt eindringlich mahnt, dies sei *„eine dramatische Situation, die alle angeht und über die eine öffentliche Diskussion notwendig ist, zu der dringend einzuladen eine wesentliche Absicht dieser Rede bildet"* (III,26).

IV. Verengte Perspektive: Der moderne Vernunftbegriff behindert den Blick auf das Ganze der Wirklichkeit

Der Pontifex beschreibt schließlich die positivistische Grundhaltung als eine Selbstabkapselung von wesentlichen Teilen der Wirklichkeit, was im Grunde eine Verarmung des Weltverständnisses bedeuten muss. Wie schon in der Regensburger Rede ruft er dazu auf, der Vernunft wieder ihre ganze Weite zu eröffnen. Den Weckruf, den er sich dabei wünscht, hat er im politischen Bereich bei der Forderung der Ökologiebewegung nach einem Umdenken wahrgenommen. Dabei unterstützt er deren grundsätzliches Anliegen, fasst es aber noch etwas weiter: *„Wenn in unserem Umgang mit der Wirklichkeit etwas nicht stimmt, dann müssen wir alle ernstlich über das Ganze nachdenken und sind alle auf die Frage nach den Grundlagen unserer Kultur überhaupt verwiesen"* (IV,17).

Der Papst fordert damit auch den Respekt vor der menschlichen Natur und der Natur im Sinne eines umfassenden Wirklichkeitsverständnisses.

V. Zur Quelle aller Ordnung: Der *Creator Spiritus* als Fundament von Recht und Welt

Abschließend diskutiert Benedikt die Frage, ob das Naturecht, bei dem das Recht ein fester Bestandteil der Wirklichkeit ist, nicht einen Schöpfer voraussetzt, einen *Creator Spiritus*. Bei diesem Gedanken verweist er auf den Rechtspositivisten Kelsen, der sich in dieser Richtung geäußert hat, wenn auch mit Skepsis. Um das enge Korsett des positivistischen Weltbilds zu sprengen, gilt es den Blick auf das geistige Erbe Europas zu richten, ja dessen Weisung zu hören. Nun wird auch der Verweis auf die zu Beginn der Rede erwähnte Situation des jungen König Salomon noch einmal klar: Dessen Bitte um *„ein hörendes Herz – die Fähigkeit, Gut und Böse zu unterscheiden und so wahres Recht zu setzen, der Gerechtigkeit zu dienen und dem Frieden"* (V,20) meint am Ende die Öffnung der Vernunft für die große Weite der Wirklichkeit.